우리의 **먹을거리**는 안전한가?

민음 바칼로레아 039

우리의 **먹을거리**는 안전한가?

피에르 페이에 ｜ 손중천 감수 ｜ 김희경 옮김

민음in

● 일러두기

1 본문 가장자리에 있는 사과 　 는 이 책을 통해 반드시 이해해야 하는
　핵심 개념을 표시한 것입니다.
2 본문 아래쪽의 주는 독자들이 본문 내용을 쉽게 이해할 수 있도록 한국어판에 특별히 붙인 것입니다.
3 인명 및 지명 표기는 한글 맞춤법 통일안 및 외래어 표기 규정을 따랐습니다.
4 본문에 사용한 부호 및 기호의 뜻은 다음과 같습니다.
　　— 전집, 단행본: 『 』
　　— 신문, 잡지: 《 》
　　— 개별 작품, 논문, 기사: 「 」

질문 : 우리의 먹을거리는 안전한가?

　많은 사람들이 요즘은 안심하고 사 먹을 수 있는 것이 흔치 않다고 걱정한다. 옛날에는 자기 텃밭이나 닭장에서, 혹은 이웃 농장에서 직접 생산한 신선한 재료를 이용한 음식을 먹었기 때문에 아무런 걱정이 없었다. 최근 들어 그리 오래되지 않은 그때를 그리워하는 사람들이 부쩍 늘어났다. 우리 입으로 들어가는 것의 재료가 어디에서 왔는지 알기만 해도 식품 안전에 대한 걱정을 덜 수 있을 것이다.

　그런데 오늘날 종자 개발에까지 이용되는 유전 공학, 수확량을 늘리기 위해 종종 너무 많이 사용되는 화학 비료와 농약, 좁은 공간에서 닭을 밀집 사육하는 양계장, 베일에 가려진 가공 식품과 음료의 제조 과정, 복잡한 식품 유통 과정에 대해 소비자가 알기는 어렵다. 그래서 농장에서 식탁에 이르는 식품 사슬 중 어느 한 부분에는 문제가 있을 것이라는 우려가 들 수 있다.

광우병, 다이옥신에 오염된 닭, 잔류 농약, 유전자 변형 식품* 등 식품 파동을 되풀이해서 겪은 소비자들은 과학과 기술이 우리의 식탁에까지 끼어드는 데에 두려움을 느낀다. 실험실에서 나온 식품 같은 것은 더 이상 신뢰할 수 없는 것이다. 과학 기술이 개입된 먹을거리를 거부하고 자연식품으로 돌아가야 한다는 것은 이제 상식이 되었다. 공장에서 만든 가공 식품보다 자연식품이 건강에 이롭다는 것은 두말 할 필요가 없지 않은가.

그러나 이렇게 섣불리 판단해도 될까? 지금의 먹을거리가 예전의 먹을거리보다 더 안전한 것은 아닐까? 이것은 물론 각자가 판단할 일이다. 그렇지만 사정을 잘 알아보고 판단을 내려야 한다. 그럼, 이제 무엇이 우리의 식탁을 위협하는지, 그리고 이러한 유해 요소는 어떻게 관리되고 있는지 살펴보자.

● ● ●

유전자 변형 식품(GMO, Genetically Modified Organism) 유전자 변형이란 어떤 생물의 유전자 중 유용한 유전자만 취하여 다른 생물체에 삽입하여 새로운 품종을 만드는 것을 말한다. 그렇게 만들어진 농작물 등을 유전자 변형 식품이라고 부른다.

1

식품 유해 요소란
무엇인가?

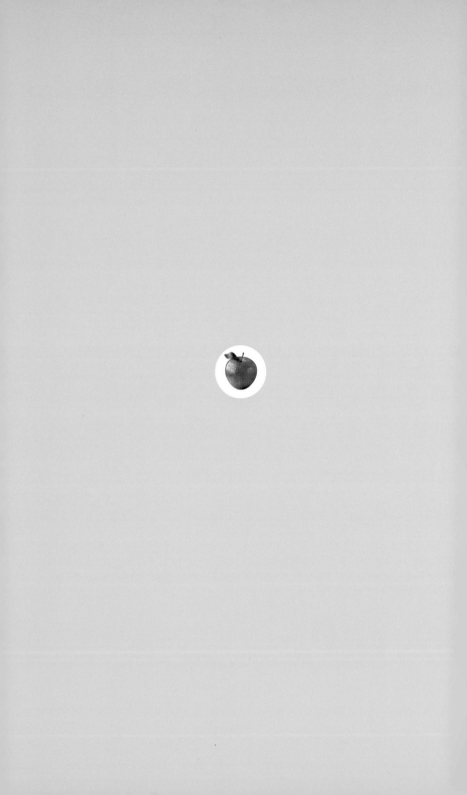

유해성과 위험도는 어떻게 다른가?

어떤 행동이나 식품이 위험하거나 해롭다고 말할 때, 보통 우리는 위험성(유해성 또는 위해성)과 위험도를 구별하지 않고 말한다. 그러나 식품 안전 전문가들은 유해성과 위험도라는 두 단어를 명확하게 구별하여 사용한다.

자동차 사고에 빗대어 설명해 보자. 도로를 건널 때 자동차에 치일 위험성이 있다. 그리고 이러한 사고가 일어날 확률이 위험도이다. 이를테면 위험도란 보행자와 자동차가 같은 순간, 한 지점을 지나갈 확률을 말하는 것이다. 차가 거의 다니지 않는 시골길에서는 사고 위험도가 0에 가깝지만, 고속도로에서는 그 수치가 무척 높아진다. 하지만 두 경우 모두 보행자가 길을 건너지 않으면 사고가 날 확률은 0이 된다. 보행자가 찻길을 건널 경우에는 타박상이나 팔다리 골절, 뇌 손상, 사망 등의 위험성이 있는데, 그것은 자동차가 얼마나 빨리 달리고 있었느냐, 보행자의 몸 어느 부분과 부딪쳤느냐에 따라 달라진다. 사고가 일어나는 빈도를 나타내는 위험도는 차량 통행량뿐만 아니라 보행자와 운전자의 행동에 따라 큰 차이가 난다.

먹을거리도 이와 마찬가지다. 식품에 들어 있는 미생물, 화학 물질, 유리 조각 등은 식품 유해 요소이다. 식품의 **유해성**도 심각한 것일 수도 있고 대수롭지 않은 것일 수도 있다. 즉 단순한 설사를 일으키는 정도일 수도 있고, 오랫동안 현기증을 일으킬 수도 있으며, 암을 유발하거나 사망에 이르게 할 수도 있다. 예를 들어 식중독을 일으키는 리스테리아균*에 감염되면 사망의 위험성이 있다. 이러한 유해성이 실제로 나타날 가능성, 즉 소비자가 오염된 음식을 먹음으로써 발병할 확률을 **위험도**라고 한다. 그것은 음식의 오염 정도와 섭취량, 소비자의

● ● ●

리스테리아균 토양과 동물의 대변에서 발견되며 주로 치즈, 우유, 갈아 만든 고기, 포장 판매하는 샐러드 등을 통해 사람에게 전염된다. 세균은 장에서 증식하여 혈액과 장기로 퍼진다. 대부분 건강한 사람은 별다른 증상 없이 넘어가지만 가끔 독감과 비슷한 증상이 나타나는 사람도 있다. 노인이나 면역력이 떨어진 사람은 뇌수막염에 걸리기도 하고, 산모가 감염되면 유산이나 사산이 될 수 있다.

건강 상태에 따라 결정된다. 신생아, 임신부, 면역력이 떨어진 사람이 리스테리아균에 감염되면 젊고 건강한 성인에 비해 훨씬 더 위험하다.

식품과 관련된 위험은 두 가지 유형이 있다.

첫째, 영양 불균형이다. 이것은 암이나 심장 발작으로 인한 조기 사망을 유발할 수 있으나 이 책에서는 다루지 않는다.

둘째, 유해 물질이다. 식품 유해 요소는 다음과 같이 나눌 수 있다. 첫째, 병원성 미생물, 바이러스, 알레르기 물질, 독소, 프리온˙ 같은 생물학적인 유해 물질. 둘째, 잔류 농약, 중금속, 다이옥신 등 화학적 유해 물질. 셋째, 방사선 물질, 유리 조각, 금속성 입자 같은 물리적인 유해 물질. 이러한 유해 물질은 식품에 자연적으로 들어 있는 것도 있고, 인간의 활동 결과로 생기는 것도 있다. 가령 알레르기를 일으키는 물질은 식품에 본래 들어 있는 것이고, 다이옥신 같은 것은 인간이 만들어 낸 것이다.

이러한 물질로 인한 건강 장애는 섭취 직후에 나타날 수도

● ● ● ●

프리온(prion) 단백질(protein)과 비리온(virion, 바이러스 입자)의 합성어로, 바이러스처럼 전염력을 가진 단백질 입자이다. 광우병이나 알츠하이머 등을 유발한다고 밝혀졌다.

있고 서서히 나타날 수도 있다. 식중독, 알레르기 반응은 섭취 직후 곧바로 나타나고, 납 중독이나 암 등은 한참 뒤에 증상이 보인다. 후자의 경우, 유해 물질이 원인이라는 것을 입증하기 어려울 뿐만 아니라 유해성을 평가하는 것은 더더욱 어렵다. 유해성 평가를 위해서는 독물학˚과 미생물학 전문가의 도움이 필요하다.

식품 유해 요소의 허용량은 어떻게 정해질까?

잔류 농약, 카드뮴 등 비발암성 유해 물질의 경우, 독물학자 들은 그 허용량을 다음과 같은 방식으로 정한다. 우선 동물 실 험으로 그 물질에 노출된 동물에게 장애가 나타나기 시작하는 양을 찾아서 몸무게 1킬로그램 당 마이크로그램 수로 산출한 다. 그 다음 그 물질에 가장 과민하게 반응하는 동물에게서 장 애가 나타나기 직전의 양을 **최대 무작용량**으로 정한다.

• • • •

독물학 독물의 작용과 그 메커니즘을 밝히고, 중독의 진단 · 치료 · 예방 등의 방 법을 연구하는 학문. 중독학이라고도 한다.

인간에게 이런 실험을 할 수는 없기 때문에 최대 무작용량의 100분의 1을 **내용(耐容) 일일 섭취량**으로 정한다. 내용 일일 섭취량은 유해 물질이 우리 인체에 평생 노출되어도 해로운 영향을 나타내지 않는다고 판단되는 것으로, 몸무게 1킬로그램당 1일 허용치 몇 마이크로그램($mg/kg \cdot day$)으로 표시한다. 가장 과민하게 반응하는 동물보다 인간이 10배는 더 민감할 수 있고, 또 사람마다 반응 정도가 다를 수 있다는 것을 고려하여 정한 것이다. 그러나 독물학자들이 정한 이 수치는 실험을 통하여 매우 신중하게 계산한 것이기 때문에 그보다 더 많은 비발암성 유해 물질을 섭취하였다고 해서 반드시 병에 걸리는 것은 아니다.

이러한 연구를 바탕으로, 국가 기관은 **최대 잔류 허용 기준**을 정한다. 그것은 소비자의 건강에 해를 주지 않는 정도가 어디까지인지 식품에 들어 있는 유해 물질 양의 한도를 정하는 것이다. 식품마다 소비되는 양이 다르기 때문에 유해 물질의 잔류 허용량도 식품에 따라 달라진다.

따라서 최대 잔류 허용량에 미치지 못하는 적은 양의 유독성 물질이 식품에 들어 있는 것은 건강에 문제가 되지 않는다. 경미하게 오염된 식품은 인체에 해롭지 않다는 것이다. 그러나 발암성 물질은 예외다. 특히 아플라톡신, 니트로사민과 같은 발암성 물질은 조금이라도 섭취하지 않도록 해야 한다고 학자들은 말한다.

병원성 미생물의 경우는, 미생물학자들이 그 허용량을 정한다. 유익한 미생물의 작용이 농도와 맛을 결정하는 요구르트, 치즈, 소시지 같은 식품을 없애 버리거나 모든 먹을거리가 무균 식품이 되어야 한다고 주장하지 않는 한, 미생물 오염도가 0이 되길 바랄 수는 없다.

이렇게 유해 물질 허용량이 정해진 다음에는 농업, 제조업, 유통업을 담당하는 사람들의 역할이 중요하다. 이들은 법규를 준수하여 먹을거리를 상품화해야 한다. 또 행정 당국은 이들이 법을 준수하여 안전한 식품을 생산·유통하는지 감독할 책임이 있다. 식품 안전 정책의 기본은 항상 식품은 건강에 이롭고 신뢰할 수 있으며 판매에 적합해야 한다는 것이다.

● ● ● ●

아플라톡신 농작물에 자라는 실 모양의 곰팡이가 만드는 독성 물질. 주로 식품 원료의 생산, 보관, 운반 단계에서 곰팡이에 오염되어 생긴다. 지속적으로 섭취하면 출혈, 급성 간 손상, 부종 등을 일으킨다. 세계 보건 기구는 이 물질을 인체 발암성이 확실한 제1그룹 발암원으로 분류한다.
니트로사민 발암성 화학 합성물. 인간의 위처럼 강한 산성에서 아질산염과 아민이 결합하여 발생하는데, 위에서 단백질 음식이 아질산염과 반응하여 생성된다. 맥주, 생선, 생선의 부산물, 고기, 치즈, 염장 식품 등에서 발견된다.

다시 말해, 우리가 할 수 있는 것은 유해성을 없애는 것이 아니라 위험도와 그에 따른 결과를 최소화하는 것이다.

예방 원칙은 어떻게 적용해야 할까?

과학자들이 항상 식품 유해 요소와 위험도에 대해 충분한 지식을 갖고 있는 것은 아니다. 유전자 변형 식품처럼 혁신적인 기술로 얻어진 식품의 경우나, 프리온과 광우병처럼 아직 그 작용 원리가 밝혀지지 않은 감염 요인이 나타날 경우가 그러하다. 때로 과학자들은 식품 유해 요소를 관리하는 정부 책임자들에게 추측과 가정이 들어간 불완전한 정보를 줄 수밖에 없다. 유해성이 과학적으로 명확히 입증되지 않은 이런 상황에서 정부 책임자들은 소비자를 보호하기 위한 예방 조치를 취해야 한다. 이때 예방 조치는 어떤 물질의 유무해성이 최종 입증되기 전까지는 유해한 것으로 간주하는 예방 원칙을 따른다.

예방 원칙은 자신을 위협하는 유해 요소에 대하여 조심하는 것, 가령 고속도로를 무단횡단하지 않는 것과는 다르다. 또한 예방 원칙은 확실하게 밝혀진 유해 요소의 위험도를 낮추기 위해 취하는 조치, 예를 들어 음주 단속 같은 것과도 다르다.

예방 원칙은 과학적인 원칙은 아니지만, 정책 결정을 내리는 데에는 도움을 준다. 그러나 예방 원칙은 과학자들이 불확실성을 분명히 인정한 경우에만 적용해야 하며 과학적 지식이 계속 발전하는 것을 가로막아서는 안 된다. 이러한 기본 원칙만 지켜지면, 예방 원칙은 식품 안전사고를 관리하는 데에 유용할 것이다. 소의 해면체성 뇌병증, 즉 광우병의 경우에 예방 원칙이 효과를 발휘했다.

그러나 예방 원칙이 남용되면 그 원칙의 근본 취지마저 거부하게 만들 위험이 있다. 때로 유통업계에서 취하는 극단적인 예방 조치는 소비자를 보호하기 위한 것이라기보다는 소비자들의 관심을 촉발하는 수단으로 이용되기도 한다. 또 광우병 파동이 일어났을 때 많은 도시에서 초등학교 급식에서 쇠고기를 제외하겠다고 발표했던 것도 마찬가지다. 정육점에서 쇠고기를 버젓이 팔고 있고, 중·고등학교와 대학 식당에서는 쇠고기 요리가 나오며, 쇠고기를 익혀 먹으면 안전하다고 많은 과학자들이 설명하고 있는 상황에서 그런 결정을 내린 것은 소비자 보호보다는 유권자의 표를 겨냥한 시장의 정치적인 제스처라고밖에 볼 수 없다.

2

무엇이 우리의 식탁을
위협하는가?

광우병 걱정 없이 쇠고기를 먹을 수 있을까?

크로이츠펠트야콥병은 뇌 조직이 파괴되어 죽음에 이르는 무서운 병이다. 1980년대 중반까지 의사들은 이 병의 원인이 유전, 병원 감염 등 여러 가지라고 파악하고 있었지만, 음식과 관계있다고는 생각하지 못했다. 파푸아 뉴기니의 한 종족은 장례식에서 여자와 아이들이 죽은 친지의 골을 먹는 풍습이 있었는데, 그로 인해 뇌의 해면 조직에 이상이 생기는 병이 많이 발생했다. 그 경우를 제외하면 그 병은 음식과는 관계없는 것으로 보였다.

1996년 영국에서 '변형 크로이츠펠트야콥병' 환자가 10명이나 발생했다. 광우병 쇠고기를 먹은 것이 그 원인이었다. 과학자들은 경악하였고, 전문가들은 우려를 표했으며, 소비자들은 극도로 불안해했다. 유럽 위원회는 곧 영국 소와 쇠고기의 수입을 금지했고, 유럽 전역에 광우병 파동이 닥쳤다.

광우병은 1986년 영국에서 처음 확인되었다. 1991년 프랑스에서도 나타났지만, 그 병이 인간에게 전염되리라고는 아무도 상상하지 못했다. 광우병은 매우 빠르게 퍼졌다. 다행히도, 일단 광우병을 일으키는 요인이 동물의 골분이라는 것이 밝혀진 뒤에는 광우병을 저지하기 위한 극단적인 조치들이 점차 결실을 맺었다. 그러나 인간에게 일어날지도 모르는 최악의 결과를 상상하지 않을 수 없었다. 소비자들은 안심할 수 없어서 쇠고기를 구입하지 않았다.

광우병 파동은 계속 이어졌다. 다행히 2002년 말, 광우병으로 인한 사망자 수는 예상한 것보다는 훨씬 적었다. 2002년 말까지 영국에서는 120명이 사망했는데 2000년 이후 연 사망자가 줄어드는 추세다. 프랑스에서는 6명이 광우병으로 사망하였다. 이것은 같은 기간 동안 일어난 자동차 사고 사망자 수의 8000분의 1에 불과하다. 그러나 광우병은 잠복기가 길게 나타날 수도 있다. 어떤 경우에는 20년 내지 30년이 지난 후 병세가 나타나기도 한다.

일명 인간 광우병, 즉 변형 크로이츠펠트야콥병의 발병 원인은 무엇일까? 또 이 병은 어떻게 전파되는 것일까?

광우병은 변형 프리온이 유발하는 것으로 알려져 있다. 포유류, 특히 인간과 소는 신경 세포를 재생하는 역할을 하는 **프리온**이라는 단백질을 가지고 있다. 정상적인 형태의 프리온은 위험하지 않은, 유용한 것이다. 그러나 프리온이 변형되면 매우 해로운 작용을 하게 된다. 정상적인 프리온을 구성하는 아미노산들의 구조가 바뀌면서 병을 유발하는 것이다.

왜 이 같은 구조 변화가 병을 일으키는 것일까? 그것은 아직 밝혀지지 않았다. 정상 구조에서 병을 유발하는 구조로 넘어가는 과정도 알려져 있지 않다. 아마도 변형 프리온과 접촉한 정상 프리온의 구조가 변형되고, 그것이 또 다른 정상 프리온에게 새로운 구조를 전달하여 변형 프리온으로 만드는 듯하다. 현재까지 밝혀진 것은 장벽에 분포하는 신경 조직에서 시작된 프리온의 구조 변화가 점차 뇌까지 확대된다는 사실이다. 프리온의 변형이 뇌에 전달되었을 때부터 증세가 나타나기 시작한다.

그런데 소의 모든 조직이 변형 프리온에 감염되는 것은 아니다. 감염 물질이 확실히 발견되는 곳은 뇌, 척수,˚ 비장,˚ 회장벽˚이다. 프랑스 정부가 송아지 췌장 고기 섭취를 1년간 금지한 것은 그 위험성이 입증되지는 않았지만 예방 원칙을 적용한 것이었다. 전문가들에 따르면 등심, 우둔 같은 근육 조직은

신경 세포를 재생하는 프리온이 그 구조가 바뀌어 변형 프리온이 되면
광우병과 같은 심각한 병을 유발한다.

해롭지 않다고 한다. 석쇠에 구운 쇠고기와 우유도 위험하지 않다.

광우병 때문에 쇠고기 섭취를 제한할 필요는 없다. 위생 검사를 통과한 정육점과 대형 매장의 진열대에 있는 고기는 안심하고 먹어도 된다.

유전자 변형 식품을 안심하고 먹을 수 있을까?

몇 해 전 프랑스에서는 광우병 파동에 이어 '미친 옥수수'라는 제목이 일간 신문 일면을 장식하면서 식품 파동이 계속 이어졌다.

유전자 변형 식품에 대해서 모두 한번씩은 들어 보았을 것

● ● ● ●

척수 척추의 관 속에 들어 있는 신경 중추로 뇌와 말초 신경 사이의 자극을 전달하고 반사 기능을 맡는다.

비장 위의 왼쪽 뒤에 있는 내장의 하나로 둥글고 해면 모양으로 되어 있으며, 림프구를 만들고 노폐한 적혈구를 파괴하는 역할을 한다. 지라라고도 한다.

회장벽 소장은 십이지장, 공장, 회장의 세 부분으로 되어 있으며 공장과 회장을 합쳐 공회장 또는 장간막소장이라 한다. 그중 처음의 약 5분의 2는 공장이고, 나머지 5분의 3이 회장이다. 회장은 굴곡이 심하고, 복강의 중앙부에서 우측에 위치하며, 다시 골반 내에까지 이른다. 회장은 맹장과 연결된다.

이다. 유전자 변형 식품은 **분자 생물학**의 최근 성과에 기반하여 만들어진 것이다. 분자 생물학은 유전자의 구조와 기능을 연구하는 학문을 말한다. 유전자 변형 식품의 경작은 점점 늘어나서 현재 세계 여러 나라에서 유전자 변형 옥수수, 콩, 유채, 목화 등이 재배되고 있다. 미국, 아르헨티나, 캐나다, 중국에서 유전자 변형 식품을 재배하는 면적을 모두 합하면 약 6천만 헥타르에 다다르는데, 이것은 프랑스 총 경작 면적의 두 배에 해당한다. 유전자 조작 밀, 사탕무, 감자, 쌀 등도 재배될 전망이다.

유전자 변형 식품은 좋은 성질을 골고루 갖춘 종자를 얻고자 하는 오랜 노력의 연장선상에 있다. 유전자 변형 식품이 소비자의 건강에 미치는 장기적인 영향에 대해서는 더 자세히 연구할 필요가 있다.

농작물의 품종을 개량하고 이용 가치를 높이기 위한 인간의 노력은 결코 새로운 것이 아니다. 식물의 변종을 선별하여 씨를 뿌리기 시작한 역사는 신석기 시대로 거슬러 올라간다. 신석기 시대의 우리 선조들은 야생 밀과 보리 중에서 낟알이 이삭에 붙어 있어 수확하기 쉬운 것을 찾아내어 그 씨앗을 뿌렸다. 이처럼 선별한 종자는 들에서 마구잡이로 자란 것에 비하여 더 좋은 품종이 되었다. 이렇게 해서 농업이 시작되었다. 그

후 사람들은 자연이 제공하는 것에서 고르는 것만으로는 만족할 수 없게 되었다. 그래서 한 품종에서 나온 두 개 또는 여러 개의 변종을 다시 교배하여 최적의 특성을 가진 새로운 품종을 개발하기에 이르렀다. 그렇게 해서 열매가 많이 열리거나 병충해에 강한 품종을 만들어 낼 수 있었다. 그로부터 한참 뒤에 유전자 변형 식품이 나타났다.

유전자 변형은 세 가지 점에서 전통적인 품종 개량과 다르다. 첫째, 여러 세대의 교배를 거쳐 여러 형질을 조종해야 하는 종래의 품종 개량과 달리 한 번에 한 가지 유전자만 삽입하여 개량할 수 있다. 둘째, 삽입할 유전자는 식물, 동물, 미생물 등 어떤 유기체에서든 추출할 수 있다. 셋째, 전통적인 품종 개량 기술이 같은 종 또는 매우 유사한 종의 유전자들을 혼합하는 데 반해, 유전자 변형 기술은 종의 경계에 구애받지 않는다. 가령 소의 유전자나 박테리아의 유전자를 옥수수의 유전체˙에 삽입할 수 있는 것이다.

유전자 변형 동물은 아직 시장에서 상품화되지 않았다. 유전자 변형 미생물에서 나온 **효소**˙로 만든 가공 식품이 있기는

* * *

유전체(genome) 세포가 가지고 있는 유전 정보 전체를 일컫는 말.

하다. 유전자 변형 미생물에서 추출한 효소로 우유를 응고시켜 만든 치즈가 그런 경우인데, 그런 매우 드문 예를 제외하면 유전자 변형 생물 중에서 식품 원료로 사용되는 것은 유전자 변형 식물뿐이다. 특히 농화제,* 안정제* 같은 식품 첨가물이 들어 있는 조리 식품에는 유전자 변형 식품이 들어 있을 가능성이 있다. 그런 식품 첨가물의 성분이 옥수수 전분이나 콩의 레시틴*이기 때문이다.

전문가들은 이러한 새로운 제품, 즉 유전자 변형 식품이 건강에 어떠한 영향을 끼치게 될지 의구심을 품게 되었다. 유전자 변형 과정에서 변형이 성공했는지 확인하기 위한 표시로서 항생제 내성 유전자가 사용되는 경우가 많았는데, 그것이 전이되어 장(腸)내 세균이 항생제 내성을 획득하게 될 위험은 없을까? 이와 같은 질문에 1999년 프랑스 분자 생물 위원회와 유전

● ● ●

효소 생물의 세포 안에서 합성되어 생체 속에서 행해지는 각종 화학 반응의 촉매 작용을 하는 고분자 화합물을 통틀어 이르는 말. 단백질로만 또는 단백질과 저분자 화합물로 이루어져 있으며, 술, 간장 등의 식품 및 소화제와 같은 의약품을 만드는 데 쓰인다.
농화제 점도를 높여 주는 물질.
안정제 화학적 안정을 증가시키는 성분이 함유된 물질.
레시틴 콩기름, 난황, 간, 뇌 등에 다량 존재하는 인지질의 일종으로 세포막 구성의 중요 성분 중 하나다.

공학 위원회는 "항생제 내성 유전자가 유전자 변형 식품의 유전체로부터 박테리아로 전이될 가능성은 있지만, 그 확률은 매우 낮다."고 공식 발표하였다. 그런데 이제는 항생제 내성 유전자가 표식 유전자로 사용되지 않기 때문에 이 문제는 더 이상 사람들의 관심을 끌지 않게 되었다.

유전자 변형 식품에 대한 사람들의 또 다른 두려움은 그것이 새로운 식품 알레르기를 일으키는 원인이 아닌가 하는 것이다. 새로운 단백질의 섭취는 알레르기를 유발할 수 있으므로 그런 걱정이 드는 것도 당연하다. 정부 당국과 기업들은 유전자 변형 식품을 출시하기 전에 안전성 검사를 거치도록 하는 제도를 통하여 모든 위험성을 배제할 수 있다고 주장한다. 2002년 11월, 유럽 위원회의 소비자 보호 담당 위원도 "허가를 받은 유전자 변형 식품을 섭취하여 건강에 해가 된 경우는 보고된 바 없다."고 말했다.

매우 드물긴 하지만 이들과 다른 견해를 피력하는 과학자들도 있다. 어떤 의견을 받아들일지는 각자가 판단할 일이다. 분명한 것은, 허가받은 유전자 변형 식품을 섭취하여 알레르기를 일으킨 경우가 1998년에서 2003년까지 5년간 단 한 건도 보고된 바가 없었다는 사실이다. 프랑스에서 사용 허가를 받은 유전자 변형 식품은 옥수수, 유채, 콩이다. 그런데 뜻밖에도 오늘날 알레르기 문제를 일으키는 것은 가장 전통적인 식품이다. 알레르기에 관해서는 뒤에서 자세히 다룰 것이다.

유전자 변형 식품이 건강에 해로운 영향을 주는지 여부는 확인되지는 않았지만, 소비자들이 자신이 구매하는 식품에 유선자 변형 성분이 들어 있는지는 확인할 수 있어야 한다. 그래서 유럽에서는 유전자 변형 성분이 식품 속에 0.9퍼센트 이상 함유되어 있을 때에는 의무적으로 표시하도록 규정하고 있다.

식품 알레르기는 왜 생길까?

식품 알레르기는 식품과 직접 관련이 있는 매우 중요한 공중 보건 문제다. 유럽에서는 전체 인구의 3.5퍼센트가, 그리고 전체 어린이들 중 8퍼센트가 식품 알레르기로 고통받고 있다.

● ● ●

유전자 변형 식품의 허가 한국에서는 2004년 2월부터 유전자 변형 식품에 대한 안전성 심사가 의무화되었는데, 식품 의약품 안전청의 안전성 심사가 완료되어 국내 유통이 허용된 수입 유전자 변형 식품은 옥수수, 면화, 감자, 케놀라 등이다.
유전자 변형 식품 표시제 한국에서는 2001년 7월부터 유전자 변형 식품 표시제를 시행하고 있는데 비의도적 혼합 허용치가 3퍼센트로 정해져 있다. 즉 유전자 변형 성분의 함유율이 3퍼센트 이하일 경우에는 표시 의무가 면제된다.

해마다 그 수가 증가해 가는 추세이지만 증가 원인은 아직 밝혀지지 않았다. 그 원인에 대해서는 여러 해석이 있는데, 대체로 아기가 너무 일찍 여러 가지 음식을 섭취하기 시작하는 것, 또는 방부제 사용이 증가한 것을 원인으로 본다.

같은 상황에서 유독 더 민감한 사람이 왜 있는 것인지 그 이유도 아직 밝혀지지 않았다. 다만 음식물에 들어 있는 어떤 단백질에 대한 생체 방어 반응으로 알레르기 반응이 시작된다는 것은 분명하다. 특정 단백질에 민감한 사람들이 알레르기 반응을 일으키는데 이와 같이 알레르기 반응을 일으키는 물질을 **알레르겐**이라고 한다.

알레르기 반응은 두 단계로 이루어진다. 첫 단계에서 알레르겐과 처음 접촉했을 때에는 아무런 증상이 나타나지 않지만, 나중에 이 항원과 다시 접촉하였을 때 신체가 즉각적으로 반응할 수 있게 준비한다. 두 번째 단계에서 이러한 알레르겐과 재차 접촉하는 일이 발생하였을 때, 우리의 신체가 신경 전달 물질을 분비하여 다양한 증상이 나타난다. 예를 들어 피부 가려움, 재채기, 입술 부종, 위장 장애, 호흡기 장애 등이 나타나는데 과민성 쇼크˚가 일어날 수도 있다. 과민성 쇼크가 일어나면 심한 경우에는 사망에 이르기도 하므로 급히 병원으로 가야 한다.

알레르기를 일으키는 식품은 매우 많다. 아이들이 주로 알레르기를 일으키는 식품은 달걀흰자, 우유, 생선 같은 동물성 식품과 땅콩이고, 성인들이 알레르기를 일으키는 것은 아보카도, 키위, 밤, 딸기, 호두, 땅콩 같은 식물성 식품과 몇몇 생선, 갑각류 등이다. 알레르기 반응을 일으키는 식품의 종류가 변하기도 한다. 또한 밀가루 등 곡류에 들어 있는 단백질인 글루텐이나 포유동물의 젖에 들어 있는 젖당에 적응하지 못하는 경우도 있지만 이것은 엄밀한 의미에서 알레르기는 아니다.

알레르기에 대처하는 가장 효과적인 방법은 예방이다. 자기 몸을 잘 파악하여 과민 반응을 일으키는 물질이 든 음식은 애초에 섭취하지 말아야 한다. 땅콩, 키위, 새우 등 쉽게 구별할 수 있는 음식은 별 문제가 없다. 그러나 즉석 조리 식품처럼 여러 가지 재료가 섞여 있는 경우에는 알레르기 물질이 들어 있는지 알 수가 없다. 알레르기 물질이 들어 있긴 하지만 아주 적은 양이어서 성분 표시에 기재되지 않은 경우도 종종 있으므로 자기도 모르게 알레르겐을 섭취할 수도 있다.

● ● ●

과민성 쇼크 벌에 쏘이거나 혈청 주사, 꽃가루 등으로 인해 순환 장애가 일어나는 급성 알레르기 반응. 매우 위급한 상황을 초래하여 즉각 치료하지 않으면 생명이 위독할 수 있다.

따라서 식품 라벨에 각 성분을 정확하게 표시하여 소비자가 올바른 정보를 얻을 수 있게 해야 한다. 현재 유럽에서는 다음과 같은 원료를 사용한 식품에는 의무적으로 그 사실을 라벨에 명기하도록 법으로 정해 두고 있다. 글루텐, 갑각류와 그 부산물, 달걀과 같은 알류, 생선과 해산물, 땅콩, 깨, 콩, 콩 가공품, 우유, 젖당을 함유한 유제품, 호두나 헤이즐넛, 아몬드, 피스타치오, 캐슈너트 등과 같은 견과류와 아황산염이 그에 해당한다. 아황산염은 백포도주를 주조할 때 흔히 쓰인다.

왜 모든 알레르기 유발 물질을 철저하게 기재하도록 하지 않을까? 그것은 말처럼 그렇게 단순한 일이 아니기 때문이다. 소비자에게 정보를 가장 잘 제공할 수 있는 방법에 대해 소비자 단체, 식품업계, 학계, 정부 당국 사이에서 합의가 이루어지지 않았다. 전문가들은 특히 알레르기 유발 물질의 양이 얼마 이상일 때 표시해야 할지 의문을 제기한다. 아마도 앞으로는 위험하다고 인정되는 모든 성분을 라벨에 표시하게 될 것이다. 알레르기가 있는 사람들은 이 정도의 표시만으로는 충분하지 않다고 생각하여, 미량이라도 알레르기 유발 물질이 들어 있으면 그것을 모두 표시할 것을 요구하고 있다. 그러나 그 요구를 받아들이면 라벨에 너무 많은 것을 기재해야 하고, 그러면 소비자들이 라벨을 쳐다보지도 않게 될 것이다. 지나친 정보는

꼭 필요한 정보를 가려내기 힘들게 만들어서 정보 가치를 떨어뜨리기 때문이다.

그런데 알레르기 유발 물질을 정확히 표시하는 것만으로 알레르기를 예방할 수 있다고 생각한다면 그것은 잘못된 생각이다. 매우 적은 양으로도 알레르기를 유발하는 알레르겐은 실험실에서도 찾아내지 못할 때가 있다. 그러므로 어떤 식품이 자신에게 알레르기를 일으키는 단백질을 함유하고 있지 않다고 100퍼센트 확신할 수는 없다.

3

어떤 미생물이
우리 건강을 해칠까?

미생물이 음식에서 무슨 작용을 할까?

박테리아, 효모균, 곰팡이는 미생물이다. 미생물 중 어떤 것은 맛있는 음식을 만드는 데 필수적인 역할을 한다. 미생물의 신진대사 활동에 의해서 맛과 향, 씹는 맛이 결정되는 식품이 매우 많다. 효모 없이 빵을 만들 수 없고, 곰팡이 없이 블루치즈를 만들 수 없으며, 젖산균° 없이 소시지를 만들 수 없다. 요구르트, 치즈, 포도주, 맥주, 사과주, 위스키, 그리고 독일판 김치라 할 수 있는 자우어크라프트도 마찬가지다.

• • • •

젖산균 당류를 분해하여 젖산을 만드는 균. 유산균이라고도 한다. 유제품, 김치, 된장, 간장, 청주 등을 만드는 데 이용된다.

이들을 제외한 다른 미생물들은 **부패 미생물**이다. 부패 미생물이 활동을 하면 음식의 모양과 맛을 망치기 때문에 이 미생물이 번식하는 것은 막아야 한다. 또 다른 미생물은 우리의 건강을 위태롭게 하고 음식을 상하게 한다. 이러한 미생물을 **병원성 미생물**이라 부른다.

세균성 식중독에 걸리면 어떻게 될까?

병원성 미생물에 오염된 음식을 섭취하여 발생하는 세균성 식중독은 감염형과 독소형 두 가지로 나눈다. 세균성 식중독은 장 점막에 병원성 미생물이 증식하여 이상 증세를 보이며 리스테리아균, 살모넬라균 등에 의해 일어난다. 또한 세균이 증식할 때 생기는 독소 때문에 식중독이 일어나는 경우도 있다. 예를 들면 보툴리누스균이 만들어 내는 신경 마비 독소로 인한 보툴리누스 중독증과 포도상 구균 식중독이 있다.

식중독이 얼마나 많이 일어나는지 짐작하기는 매우 어렵다. 극히 일부분만이 보고되기 때문이다. 프랑스에서는 매년 수십만 명이 식중독에 걸린다. 그러나 대부분의 식중독은 경미하게 지나간다. 복통, 설사, 구토, 두통, 현기증, 메스꺼움 등이 가장 빈번히 나타나는 식중독 증상이며, 일반적으로 하루나 이틀, 혹은 사나흘이 지나면 자연적으로 사라진다.

세균성 식중독과 바이러스성 위장염*이 혼동되는 경우가 종종 있는데 이 둘을 혼동해서는 안 된다. 위장염 바이러스가 음식으로 전파되는 경우도 있지만, 그런 경우는 흔하지는 않다. 세균성 식중독은 대체로 경미하지만 사람에 따라서는 입원 치료를 받아야 하는 경우도 있으며, 매우 드물긴 하지만 사망에 이르는 경우도 있다. 프랑스에서 식중독으로 인한 사망자 수는 연간 200~300명으로 추산된다. 식중독 증상이 심해지면 의사의 진료를 받아야 한다. 어린이, 임신부, 노인, 암 환자, 당뇨병 환자, 후천성 면역 결핍증 환자 등은 오염된 음식물에 대한 반응이 훨씬 더 민감하게 나타난다.

● ● ●

바이러스성 위장염 위장염은 급성 위염과 장염이 일어나는 증세를 통틀어 가리키는 말인데, 식중독으로 인한 복통, 설사, 또 과식하거나 배를 차게 했을 때 나타나는 증세 등이 모두 여기에 포함된다. 바이러스성 위장염은 세균, 기생충 등으로 인한 증세가 아닌 바이러스 감염이 원인이 되어 일어나는 위장염을 말한다.

어떤 세균이 식중독을 일으킬까?

식중독은 주로 세균 때문에 일어난다. 열 종류쯤 되는 세균이 식중독의 90퍼센트 이상을 일으킨다. 그중 가장 빈번하게 식중독을 일으키는 세균 네 가지는 클로스트리듐균, 리스테리아균, 살모넬라균, 포도상구균이다.

클로스트리듐 퍼프린젠스균은 소스를 뿌린 설익은 고기에서 잘 자란다. 음식을 미지근한 온도에 놔 두면 곧 세균이 번식한다. 클로스트리듐 퍼프린젠스균에 감염되었을 때에는 음식을 먹은 날 바로 심한 복통, 설사, 구토가 나타나지만, 보통은 더 심해지지는 않고 24시간 안에 사라진다. 클로스트리듐 퍼프린젠스균이 만들어 내는 독소는 섭씨 75도 정도에서 파괴되기 때문에 75도 이상으로 음식을 가열하기만 하면 감염을 피할 수 있다.

리스테리아균은 병원성 미생물 중에서 가장 위험하고 가장 널리 알려진 세균이다. 1992년과 2000년의 돼지 혀 사건, 1986년과 1999년의 치즈 사건 등 프랑스에서 일어난 많은 식품 안전사고는 리스테리아균 때문에 일어난 것이었다. 리스테리아 식중독을 일으키기 쉬운 식품은 주로 살균하지 않은 생우유로 만든 치즈, 소금에 절인 돼지고기 제품 등 가열하지 않고 먹는 장기 보존 식품이다. 다른 세균들과는 달리 리스테리아균은 냉장고에 보관 중인 음식에서도 번식한다. 일반적으로 리스테리아균은 설사를 일으키지 않고 신경계에 손상을 입힌다. 감염자 중 20~30퍼센트가 사망에 이르게 되는 무서운 균이지만, 감염이 빈번하게 일어나지는 않는다. 1년에 100만 명당 4~5명이 리스테리아 식중독으로 사망한다. 건강한 사람이나 젊은이들은 강한 면역 체계를 갖고 있기 때문에 감염 위험이 매우 낮지만, 임신부, 노인, 면역력이 떨어진 사람들은 리스테리아균에 쉽게 감염될 수 있다. 리스테리아균은 열에 약하여 음식을 가열하면 파괴된다.

살모넬라 식중독은 발생 빈도가 가장 높은 식중독이다. 하지만 식중독을 일으키려면 무척 많은 세균이 있어야 한다. 곧 감염량이 매우 높은 편이다. 음식 1그램당 1만 마리가 넘어야 살모넬라 감염 증상이 나타난다. 일반적으로 감염된 음식을 먹은 후 24시간 안에 설사, 복통, 구토, 발열 같은 증상이 나타나서 며칠간 지속되지만 위험하진 않다. 그러나 심한 경우에는 탈수증이 나타나며 사망에 이를 수도 있다. 정육점의 고기, 가금류, 달걀이나 생우유가 들어 있는 음식에서 감염되는 경우가 가장 많다. 음식을 잘 익히면 살모넬라균은 파괴된다.

황색포도상구균은 식품에서 증식하며 열에 강한 신경 독소를 만들어 낸다. 그 독소가 든 음식을 먹으면 식중독에 걸리는데 황색포도상구균 식중독은 일반적으로 경미하다. 식사 후 두세 시간이 지나서 메스꺼움, 구토, 복통, 무기력감 등의 감염 증상이 나타났다가 48시간 안에 사라진다. 간혹 의식 불명 상태에 이르기도 하지만 크게 위험한 것은 아니다. 돼지고기 가공 제품, 계란 등 알 제품, 커스터드 크림, 샐러드, 치즈, 생선에 의해 주로 감염되며, 때로는 이 균에 감염된 사람이 이러한 식품을 취급하여 전파되기도 한다.

식중독을 이야기하면서 **미코톡신**을 언급하지 않고 지나갈 수는 없다. 미코톡신은 곰팡이가 만들어 내는 독소를 통틀어 일컫는 말이다. 주로 농산물의 재배나 저장 과정에서 농산물에 기생하는 곰팡이가 만들어 내는 독소가 중독을 일으킨다. 곰팡이 독소 중 가장 위험한 것은 아플라톡신이다. 고온다습한 환경에서 잘 자라는 아스퍼질러스 플라부스에서 나오는 이 독소는 암을 유발한다. 미코톡신의 위험이 가장 큰 식품은 땅콩과 피스타치오이므로 이 식품들을 수입할 때에는 검역을 철저히 해야 한다.

대부분의 식중독은 고기, 육가공 제품, 유제품, 달걀 제품 등 동물성 식품을 섭취하여 발생한다. 식품이 농장에서부터 식탁으로 올려지기까지 식품 사슬의 여러 단계에서 감염이 일어

식중독은 세균에 오염된 음식을 섭취함으로써 일어나는 경우가 대부분이다.
대표적인 식중독균 네 가지는 클로스트리듐균, 리스테리아균, 살모넬라균, 포도상구균이다.

날 수 있지만, 음식점이나 각 가정에서 식품을 올바르게 보관, 조리, 취급하지 않아 식중독이 발생하는 경우가 대부분이다. 음식을 덜 익히거나, 뜨거운 음식을 빨리 식히지 않았거나, 상한 식품 또는 청결하지 않은 조리 도구로 음식을 만들었거나, 개인적인 위생 상태가 불결해서 식중독에 걸리는 경우가 많다. 미생물은 미지근한 우유와 같이 온도와 습도가 최적인 상태가 되면 매우 빠르게 증식한다. 20~30분 내에 그 수가 두 배로 늘어날 수도 있다. 하나에서 둘로, 둘에서 넷으로, 그 다음에는 여덟, 열여섯, 이렇게 해서 열 몇 시간 안에 수십 억 마리로 늘어난다. 아주 적은 수의 미생물이 음식을 '세균 폭탄'으로 만들 수도 있는 것이다.

음식은 어떻게 보관해야 할까?

19세기 말이 되어서야 냉장 기계의 발명과 파스퇴르의 미생물 연구 성과 덕분에 음식의 저온 저장 방법이 개발되었다. 현대인들은 냉장고 없이 사는 것은 상상도 할 수 없으며, 냉동식품은 우리 일상의 한 부분이 되었다.

그러나 모든 음식을 냉장고에 넣어 보관할 필요는 없다. 통

조림, 멸균 우유 같은 무균 제품은 실온에 보관해도 된다. 또 물기가 없거나 농도가 진해서 미생물이 번식할 수 없는 식품, 즉 기름, 마른 면류, 잼, 설탕, 소금 등은 실온에 보관한다. 그 외에 고기, 햄, 가금류, 생선, 요구르트, 버터 등은 며칠에서 최대 몇 주까지 냉장고에 저장해 둘 수 있다. 저온 저장을 하면 미생물의 번식을 억제하고 효소에 의한 부패를 늦출 수 있다. 냉동해서 영하 18도에서 보관할 수도 있다. 식품의 질을 보존하기 위하여, 냉동 보관 기간은 지방이 많은 생선과 조개류는 4개월, 채소와 닭고기는 18개월을 넘기지 않아야 한다. 지방질은 낮은 온도에서 천천히 산화하기 때문에 고기 맛을 유지하기 위해서는 지방질을 제거하고 보관하는 것이 좋다.

농장에서 부엌까지 식품을 저온으로 유지하기 위한 모든 활동을 '저온 유통 체계' 또는 '콜드 체인'이라고 한다. 식품을 저온에 보관하는 것을 중단하면 유해 미생물이 번식하게 되고, 식품의 맛과 모양이 변하기 때문에, 이러한 저온 유통 체계는 반드시 유지되어야 한다. 일단 음식이 부패하기 시작하면 적정한 온도로 보관해도 아무 소용이 없다. 저온으로는 미생물을 죽일 수 없으며, 미생물이 생성한 독소를 파괴하지도 못하기 때문이다. 저온 유통 체계로 식품이 보관 유통되는지 전문가들이 잘 감시하고 있다면, 위생 상태 불량으로 발생하는 대다수의 식중독은 소비자의 책임인 경우가 많다. 식중독 위험을 최소화하려면 어떻게 해야 할까?

첫째, 어떠한 음식이든지 먹기 전에 30분 이상 미지근한 온도에 두면 안 된다. 특히 햄, 생선 같이 변하기 쉬운 음식을 작업대에 방지해서는 안 된다. 박테리아가 번식하기에 가장 좋은 온도와 환경이 만들어지기 때문이다.

둘째, 한 달에 한 번 이상 정기적으로 냉장고를 청소하고 냉장고 온도를 조절해야 한다. 가장 온도가 낮은 칸은 4도로 맞춰 놓는 것이 적당하다. 덜 식은 더운 음식을 냉장고에 넣으면 안 된다. 생선과 육류는 가장 낮은 온도의 칸에 저장하고, 채소는 중간 온도의 칸에 보관한다. 가급적 유통 기한이 얼마 남지 않은 제품을 먼저 소비한다. 유통 기한이 경과한 제품은 미련 없이 버린다.

셋째, 냉동실은 적어도 일 년에 두 번 청소한다. 냉동식품은 되도록 아이스박스 등에 넣어 구입한 곳에서 집까지 운반한다. 덩어리가 큰 식품은 한꺼번에 냉동시키지 않는다. 냉동식품은 냉장실이나 전자레인지에서 해동시킨다. 표면이 녹기 시작하면 박테리아가 번식하기 시작하기 때문에 절대로 실온에서 해동시키지 않도록 한다. 해동시킨 식품은 다시 냉동시키지 말고 곧바로 소비해야 한다.

4

유해 화학 물질은
인체에 어떤 영향을 미칠까?

화학 물질을 안 먹고 살 수 있을까?

손쉽게 조리할 수 있는 즉석 식품 중에 식품 첨가물이 들어 있지 않은 것은 없다. 비료, 제초제, 살충제 없이 농사를 지을 수 없으며, 도시의 쓰레기나 공장과 자동차 매연 없이 인간이 살아갈 수 없게 되었다. 매일 많은 독성 물질이 대기 중에 또는 땅속에 버려지고 있다. 이러한 오염 물질은 우리 건강에 어떤 영향을 미칠까? 각각의 경우에 따라, 오염 물질의 양에 '따라 대답은 달라질 것이다.

우선 식품에 들어가는 식품 첨가물부터 살펴보고, 농업 활동에 의해 생기는 잔류 농약과 질산염 오염, 도시에서 배출되는 어마어마한 양의 쓰레기 처리 문제, 그리고 공장에서 나오는 각종 오염 물질에 대하여 차례대로 알아보자.

식품 첨가물은 해로운가?

프랑스에서는 1905년부터 식품 첨가물을 규제해 왔다. 효소는 음식을 좀 더 쉽게 만들기 위해, 아황산염, 초산, 항산화제는 보존 기간을 늘리기 위해, 엽록소, 캐러멜은 착색을 위해, 농화제, 유화제, 안정제는 질감을 좋게 하기 위해, 구연산, 초산, 감미료, 글루타민산나트륨[●]는 맛을 좋게 하기 위해 사용된다. 소금은 식품을 오래 보존하고 풍미를 좋게 하기 위하여 인간이 사용한 최초의 식품 첨가물이다.

유럽에서는 350여 가지의 식품 첨가물이 허용된다.[●] 허용치를 초과하지만 않으면 이런 식품 첨가물은 건강에 아무런 해가 되지 않는다. 그러나 허가 목록에 들어 있지 않은 식품 첨가물은 사용해서는 안 된다.

● ● ●

글루타민산나트륨 감칠맛을 내는 화학조미료. 가정이나 식당에서, 그리고 과자나 각종 식품에 광범위하게 사용된다. 민감한 사람의 경우, 클루타민산나트륨을 많이 섭취하면 입 주위의 마비, 현기증, 두통 등이 나타나는데 이것을 '중국 음식점 증후군'이라고 부른다.

식품 첨가물 사용 허가 한국에서 사용할 수 있도록 지정한 식품 첨가물은 총 614품목이다. 나라마다 분류 규정, 첨가물의 정의와 범위가 다른데, 유럽 연합은 착향료를 식품 첨가물의 범주에 넣지 않아 상대적으로 수가 적다.

식품 첨가물 사용을 허가할 때에는 식품 첨가물의 유용성과 무해성이 먼저 입증되어야만 한다. 첨가물의 유용성에 대해서는 토론의 여지가 있다. 예를 들면 과일 주스의 색을 바꾸는 것이 꼭 필요한 일인가에 대해서는 사람마다 견해가 다를 것이다. 그러나 무해성은 논란의 여지가 없다. 독물학자들은 어떤 식품 첨가물을 평생 동안 매일 섭취해도 몸에 해롭지 않은 양이 얼마인지 계산한다. 이것이 **1일 허용 섭취량**이다. 이것은 앞서 정의한 내용 1일 섭취량에 상응하는 것이다. 본인의 의사와 상관없이 섭취하게 되는 환경 오염 물질에 적용되는 내용 1일 섭취량과 마찬가지로 이것도 공공 기관이 그 수치를 정한다. 따라서 유해성에 대하여 걱정할 필요는 없지만, 식품 첨가물의 유무와 용량은 겉포장에 명기해야 해야 한다.

잔류 농약과 질산염에 대해서도 걱정해야 할까?

농약 등으로 인한 농산물 오염을 최소화하는 게 바람직하다는 것에는 아무도 이의를 제기하지 않을 것이다. 그러나 농약을 치지 않는 것만이 능사는 아니다. 농약을 치지 않으면 농사의 최대 적인 병충해가 증가하여, 결국 농작물의 수확량이나 품질 면에서 엄청난 피해가 발생할 것이다. 따라서 사용이 허가된 농약을, 인체에 해를 끼치지 않는 만큼은 사용해야 한다. 최대 잔류 허용 기준은 약의 종류에 따라 다르다.

농산물에 남아 있는 잔류 농약은 생산 단계에서 관리된다. 이를 담당하는 국가 기관은 농산물의 오염도가 제한 기준을 넘어서지 않도록 감독한다. 농민, 식품 제조업자, 유통업자들도 그들 나름대로 오염도를 측정한다. 만약 분석 결과 최대 농약 잔류량을 초과하였다면 생산자는 오염도를 줄이기 위해 노력할 것이므로, 소비자는 지나치게 걱정할 필요가 없다. 사실 농산물 수확 이후 세척, 겉잎 떼어 내기, 익히기, 과일의 껍질 벗기기, 탈곡 등의 가공 과정에서 잔류 농약이 대부분 없어진다. 그리고 최대 농약 잔류 허용량은 소비자가 일 년 내내 매일 오염된 식품을 섭취한다는 가정 하에 계산한 것이다.

음식에 함유된 질산염*이 건강에 끼치는 영향에 대해서는

●●●●

질산염 질산 이온을 가지고 있는 화합물을 말한다. 자연적으로 식품에 들어 있는 천연 형태와 인위적으로 식품에 첨가되는 합성 형태가 있다. 채소류의 질산염은 식물의 생화학적 질소 이용 과정 중 필수적 단계의 중간 산물로서 유럽을 제외한 대부분의 국가에서 규제하지 않는다. 그러나 소시지, 햄 등 가공 식품의 색상 및 보존성을 좋게 하기 위해 첨가되는 질산나트륨, 질산칼륨 등의 질산염은 화학적 합성물로 식품에 사용하는 양을 엄격히 규제하고 있다.

많은 논란이 있다. 질산염 자체는 인체에 무해하지만, 체내에서 독성이 있는 아질산염으로 바뀔 수 있다. 미량의 질산염을 함유하는 식수에 관하여 격론이 벌어지고 있지만, 실제로 우리가 섭취하는 질산염의 80퍼센트는 과일과 채소를 통해 들어온다. 그러나 우리가 섭취하는 양 정도의 질산염은 건강을 위협하지 않는다. 또한 물속의 질산염이 물 1리터당 50마이크로그램을 초과하는 정도도 위험하지 않다. 그렇지만 질산염에 매우 민감하게 반응할 수 있는 젖먹이에게 음식을 먹일 때에는 주의를 기울여야 한다.

다이옥신은 얼마나 위험한가?

많은 사람들이 다이옥신을 무서운 독극물의 대명사 같은 것으로 인식한다. 다이옥신은 쓰레기를 소각할 때에 발생하는 맹독성 화학 물질이다. 다이옥신이라고 하면 그러한 여러 가지 화학 물질을 통칭하는 것이므로 '다이옥신류'라고 하는 것이 정확하다.

우리 주위 어디에나 있는 다이옥신은 흙과 농작물에 쌓일 수 있고, 동물이 섭취할 수도 있으며, 유제품, 육류에도 축적될

적은 양의 다이옥신을 섭취하는 것은 아무런 문제가 되지 않지만
다이옥신이 체내에 조금씩 계속 축적되면 결국 건강을 해치게 된다.

수 있고, 드물기는 하지만 과일과 채소에도 들어 있을 수 있다. 다이옥신은 매우 안정적인 분자이기 때문에 섭취할 때마다 계속 축적된다. 적은 양의 다이옥신을 한 번 섭취하는 것은 해롭지 않지만 조금씩 계속 축적되면 결국 건강에 유해한 것으로 변한다.

몇 년 전 프랑스에서는 소비자에게 경종을 울리는 사고가 두 건 일어났다. 1998년에는 가정 쓰레기를 태우는 소각장의 폐기물에 유제품이 오염되는 사고가 있었고, 1999년에는 다이옥신에 오염된 사료를 먹인 닭이 사회적 물의를 일으켰다. 매번 문제가 된 식품들은 시장에서 신속히 수거되었기 때문에 별다른 피해는 없었다. 따라서 평소에는 다이옥신에 대해 특별히 주의를 기울이지 않아도 된다. 사실 하루에 음식으로 섭취하는 다이옥신 양은 세계 보건 기구가 허용하는 것보다 훨씬 적은 양이다. 그러나 다이옥신이 지방질에 축적되므로 임신부, 수유부는 되도록 기름기 있는 식품의 섭취를 피하고, 달걀을 포함한 알류, 가금류, 돼지고기 가공 제품과 유제품의 섭취를 삼가는 것이 좋다. 임신부나 수유부를 제외한 다른 소비자들은 특별히 걱정하지 않아도 된다.

식품의 중금속 오염은 얼마나 심각할까?

코발트, 구리, 철, 불소, 요오드 같은 무기물은 우리 신체가 원활히 대사 활동을 하는 데 없어서는 안 될 물질이지만, 그외의 다른 무기질은 독소가 된다. 특히 중금속의 경우가 그렇다. 예를 들어 카드뮴이 체내에 축적되면 신장 기능이 나빠지고, 수은과 납이 축적되면 신경 장애 등이 나타난다. 중금속 축적으로 인한 증상은 섭취 후 몇 개월이 지난 뒤에 나타나기도 하고 몇 년이 지난 뒤에 나타나기도 한다. 납이나 수은 중독은 몇 개월 이내에 증상이 나타지만 카드뮴 중독은 몇 년 후에 나타난다.

식품의 납 오염은 무엇보다도 대기 오염이 그 원인이다. 예외적으로 납으로 된 수도관 때문에 물이 납에 오염되는 경우가 있다. 카드뮴 오염원은 인산염 비료인데, 식품의 수은 오염은 극히 드물다. 오염이 덜 되는 비료를 사용하고 공장에서 나오는 공해를 줄이기 위해 노력한 결과, 다행스럽게도 식품을 통해 우리 몸으로 들어오는 중금속은 독이 되는 양에는 미치지 못하는 것으로 드러났다.

5

자연식품을
먹는 것만이 해결책일까?

자연식품이 건강에 더 좋은가?

유기 농산물과 유기 가공 식품 등 자연식품의 시장은 계속 성장하고 있다. 프랑스인의 30퍼센트 정도가 자연식품을 구입하는데, 주로 구입하는 것은 과일, 신선한 채소, 곡물류, 유제품이다. 흔히 생각하듯이 자연식품이 일반 식품보다 건강에 더 좋을까?

자연식품의 가공 방법이 일반적인 식품과 다른 것은 기껏해야 몇 가지 식품 첨가제를 사용하지 않는다는 점밖에 없으므로, 거의 대부분의 경우, 재료가 되는 농산물의 재배 방법에 따라 자연식품과 일반 식품을 구분한다. 유기 농업에서는 제초제, 살충제, 살균제, 화학 비료를 살포하지 않고, 유전자 변형 종자도 사용하지 않는다. 2~3년 동안 농약, 화학 비료, 제초제 등을 사용하지 않은 농지에서 재배하고, 화학 물질이 잔류하는 흙도 살포하지 않는다. 병충해는 천적을 이용하여 극복해 나간다. 또 땅이 통기가 잘되어 좋은 미생물이 서식할 수 있도록 깊이갈이는 하지 않는다.

유기 농업이 환경에 긍정적인 영향을 미칠 뿐 아니라, 잔류 농약 등 이물질에 의한 식품 오염을 줄여서 소비자의 건강을 보호할 수 있다고 주장하는 사람들도 있다. 하지만 이들과 다른 의견을 가진 사람들은 좀 더 신중하게 판단하라고 권한다. 프랑스의 소비자 단체 INC가 그들의 기관지 《6천만 소비자》 1999년 4월호에 실은 글에 따르면, 자연식품을 먹는 것은 "환경을 보호하기 위한 선택일 수는 있지만 자연식품을 먹는 것이 건강에 유익하다고 판단할 수 있는 근거는 없다." 일부 전문가들도 유기 농산물 표시는 생산 방식을 가리키는 것일 뿐 건강에 이로운 것과는 무관하다고 지적한다.

유기 농축산물에는 농약, 질산염, 가축 항생제 잔류량이 적은 것이 사실이지만 화학 물질을 사용하지 않는 데 따른 부정적인 반대급부가 있다. 1998년 프랑스 의학 아카데미는 이러한 자연식품 중 일부가 앞에서 언급한 바 있는 미코톡신 오염의 위험이 있다고 우려를 표했다. 자연식품 자체는 건강에 유익할지 몰라도, 살균제를 사용하지 않음으로써 유해 미생물이 번식하게 되어 오히려 건강을 해치는 결과를 낳을 수도 있다. 긍정적인 효과가 있는 만큼 부정적인 면도 있는 것이다.

식품의 품질과 원산지를 명시하도록 하는 식품 품질 표시 제도가 있어서 소비자들은 자신이 원하는 식품을 선택할 수 있다. 이러한 식품 품질 표시보다 유기 농산물 표시가 특별히 더 식품의 위생적인 질을 보증하는 것은 아니다.

무엇을 어떻게 먹어야 할까?

요즘처럼 우리의 먹을거리가 안전한 때는 없었다. 물론 위험은 항상 도사리고 있지만, 정부가 앞장서 소비자의 안전을 보장하기 위한 전문가들과 함께 식품 위생 관리를 하고 있어서 유해 식품을 섭취할 위험이 크게 줄었다. 지나치게 많이 섭취하거나 너무 적게 섭취하는 경우를 제외하면 식품 섭취로 인해 사망에 이르는 일은 매우 드물어졌다.

산업화와 도시화로 인한 공해 오염으로 탁해진 공기와 교통사고 사상자 수를 고려하면, 우리가 늘 해야 하는 숨쉬기, 먹기, 이동하기 중에서 그나마 먹는 것이 가장 안전하다고 할 수 있다. 1년간 프랑스인들의 식사 횟수를 모두 합하면 7천억 번에 이르는데, 비위생적인 식품을 섭취하여 사망하는 경우는 1년에 300명을 넘지 않는다.

유전자 변형 식품을 먹어서 일어난 사고는 아직까지 단 한 건도 보고되지 않았다. 정부 기관과 식품 전문가들이 광우병이라는 비극을 저지하기 위하여 취한 조치는 효과를 보았고, 정육점에서는 그 어느 때보다 위생적인 고기를 팔고 있다. 물론 식중독으로 고생하는 사람들은 여전히 많지만, 대부분 크게 위험하지 않고 경미한 정도이다. 식중독 사망자 수는 매년 줄어드는 추세이다. 이에 반해, 병원 내 감염으로 사망하는 환자는 프랑스에서만 매년 만 명에 이른다. 가끔 낡은 주택의 수돗물에서 납 함유량이 지나치게 높게 나오는 것을 제외하면 독성 화학 물질은 걱정할 수준은 아니다. 그러니 우리는 알레르기 물질에 대해서만 주의하면 되는 셈이다.

그런데 사실 우리의 건강에 심각한 위험을 초래하는 것은 다름아닌 영양 불균형이다. 암 전문가들은 균형 잡힌 영양 섭취만 했어도 암 환자의 30퍼센트는 암 발병을 피할 수 있었을 것이라고 말한다. 영양학자들에 따르면, 여러 가지 식품을 골고루 먹는 것이 중요하다. 매일 과일이나 채소를 다섯 가지 이상 먹고, 끼니마다 곡물이나 감자 혹은 콩을 섭취해야 한다. 또 하루 세 번 유제품을 먹고, 하루에 한두 끼는 육류나 가금류,

생선 혹은 달걀을 먹으며, 지방이 많은 식품, 설탕, 소금은 되도록 적게 먹어야 한다. 가족과 함께 즐겁게 식사하고, 규칙적으로 적당한 운동을 하는 것도 잊지 말아야 한다.

더 읽어 볼 책들

- 권영근, 『위험한 미래: 유전자 조작 식품이 주는 경고』(당대, 2000).

- 브루스터 닌, 안진환 옮김, 『누가 우리의 밥상을 지배하는가』(시대의 창, 2004).

- 아베 쓰카사, 안병수 옮김, 『인간이 만든 위대한 속임수, 식품 첨가물』(국일미디어, 2006).

- 제인 구달, 김은영 옮김, 『희망의 밥상』(사이언스북스, 2006).

논술·구술 시험은 논리적이고 종합적인 사고를 요구한다. 다음에 제시된 문제는 이 책의 주제와 연관이 있는 논술·구술 기출 문제이다. 이 책을 통하여 습득한 과학적 지식과 원리, 입체적이고 논리적인 접근 방식을 활용하여 스스로 문제에 답해 보자.

▶ 유전자 조작 농산물 생산에 찬성하는가, 반대하는가?

옮긴이 | 김희경

성심여대(현 가톨릭대학교) 불문학과를 졸업했으며, 프랑스 피카르디 대학에서 박사 과정을 수료했다. 현재 전문 번역가로 활동 중이다.

민음 바칼로레아 39

우리의 먹을거리는 안전한가?

2판 1쇄 펴냄 2021년 3월 30일
2판 5쇄 펴냄 2024년 8월 8일

1판 1쇄 펴냄 2006년 8월 10일

지은이 | 피에르 페이에
감수자 | 손중천
옮긴이 | 김희경
발행인 | 박근섭
펴낸곳 | ㈜민음인

출판등록 | 2009. 10. 8 (제2009-000273호)
주소 | 06027 서울 강남구 도산대로 1길 62 강남출판문화센터 5층
전화 | 영업부 515-2000 **편집부** 3446-8774 **팩시밀리** 515-2007
홈페이지 | minumin.minumsa.com

도서 파본 등의 이유로 반송이 필요할 경우에는 구매처에서 교환하시고
출판사 교환이 필요할 경우에는 아래 주소로 반송 사유를 적어 도서와 함께 보내주세요.
06027 서울 강남구 도산대로 1길 62 강남출판문화센터 6층 민음인 마케팅부

한국어판 © (주)민음인, 2006. Printed in Seoul, Korea
ISBN 979 11-5888-801-5 04000
ISBN 979 11-5888-823-7 04000(set)

㈜민음인은 민음사 출판 그룹의 자회사입니다.